I0484194

El Blog en la Empresa

Ángel Carvajal Rueda

ISBN: 978-1506192185

Tabla de contenido

4

LOS BLOGS

Hubo un momento en que muchos de nosotros solíamos mantener diarios, registros o cuadernos, y teníamos que cargar con ese feo libro dondequiera que fuéramos. Era una forma eficiente de hacer el seguimiento de las cosas. Hoy en día, la Web ha tomado el lugar de ese libro en la forma de un blog.

Un blog o web-log, como una vez fue llamado, es la versión de hoy en día del diario. Pero es mucho más sofisticado que eso. Es un sitio web generado por el usuario que recoge las entradas (conocidas como mensajes) en orden cronológico inverso, donde siempre lista el mensaje más reciente en primer lugar. A los lectores también se les permite comentar y opinar de cualquier mensaje a través de un sencillo formulario en el blog.

Pero la verdadera belleza de los blogs reside en su simplicidad. No es necesario llevar a cabo el tedioso proceso de aprender HTML, diseño web o codificación, al contrario de lo que ocurre para utilizar un sitio web funcional. Puede actualizar un blog a través de cualquier conexión a Internet, incluso actualizarlo usando un teléfono móvil.

La creación de un blog puede llevar tan poco tiempo como tan sólo cinco minutos (y eso si no está seguro de lo que está haciendo) y ya está listo para publicar su contenido. Es así de fácil. Si usted puede enviar un correo electrónico, usted está más que listo y capacitado para iniciarse en los blogs.

La facilidad de publicación de un blog hace que sea un vehículo de marketing perfecto para cualquier tipo de negocio. Si usted trabaja desde su casa o es el CEO de una empresa Fortune 500, los blogs serán una adición ideal a su estrategia de marketing.

Los blogs crean un rostro para su negocio donde sus clientes puedan identificarse y participar. Se ha convertido en una parte importante de los medios generados por el consumidor de hoy en día, ofreciendo a los consumidores una plataforma para participar activamente y tomar parte en los diálogos con el personal clave dentro de una empresa.

Empresas como General Motors, IBM, Boeing y Microsoft han creado blogs para comercializar sus servicios o productos, ya que es una manera rentable de comunicarse rápidamente con sus clientes actuales y potenciales. Al proporcionar un blog para que sus clientes hablen de su producto, una empresa puede descubrir fácilmente lo que sus clientes realmente quieren y adaptar sus productos en consecuencia. El diálogo abierto entre la empresa y el cliente ha reducido drásticamente los costes y ha aumentado los ingresos, porque las empresas están recibiendo de primera mano información de lo que quieren sus clientes sin realizar ninguna inversión a mayores. Es el mecanismo perfecto de retroalimentación instantánea.

Si está ejecutando un negocio desde casa, se aplican las mismas estrategias. Utilice los blogs para:

• Proporcionar contenido de valor añadido

• Construir una relación con sus lectores

• Establecer relaciones de confianza con sus clientes, mientras que gana credibilidad

• Conciencia creativa acerca de sus ofertas de productos

• Ideas e investigación de su mercado al conseguir que sus lectores y clientes participen en las discusiones

EMPEZANDO CON EL BLOG

Lo mejor es empezar por identificar y elegir las herramientas adecuadas para realizar el trabajo de manera eficiente. Esto significa elegir la plataforma de blogs correcta para sus necesidades. Las plataformas de blog se ofrecen con dos opciones: organizadas y autónomas.

La opción alojada elimina la molestia de encontrar un host para su blog ya que la empresa se encargará de eso por usted. Esta opción le supondrá tener que pagar una cuota mensual. TypePad.com es una de las empresas que ofrece este servicio.

La opción independiente le permite comprar una licencia para el software de blogs, lo que le da el derecho de escoger una empresa de alojamiento de su elección. MoveableType.org es un ejemplo de esto. Esta opción le puede dar una mayor flexibilidad para juguetear con el código del software. Probablemente se puede decir que esta es la opción para aquellos que quieren el máximo control de sus plataformas de blogs.

Pero debido a que es probable que acabe de empezar con los blogs, usted debe fijar su atención en sólo dos opciones - Blogger.com y Wordpress.org. Blogger.com es un blog alojado que es propiedad de Google y la mejor parte de todo es que no hay cuotas mensuales que pagar. Así es, es absolutamente gratis. Blogger.com es muy popular entre los que empiezan con los blogs

9

porque la plataforma, hosting y los nombres de dominio son gratuitos.

Wordpress.org es la otra plataforma de blogs que usted debe conocer, es una opción independiente.

Si ya está recibiendo con algunos de sus sitios web un servicio de alojamiento web, Wordpress.org es ideal para usted. No sólo Wordpress.org es gratuito para uso ilimitado, sino que es la plataforma de blogs con más seguidores que hay. Para el máximo control de su blog es tan bueno como parece. Es la plataforma de blogs de elección de los bloggers más inteligentes de hoy en día. Wordpress.org también ofrece una opción de alojamiento llamado, Wordpress.com. Como Blogger.com, Wordpress.com ofrece la plataforma, hosting y nombres de dominio de forma gratuita. Pero se limita de una manera que es menos configurable y ofrece un control limitado sobre el diseño web.

La elección de la plataforma de blogs es totalmente libre para usted, pero definitivamente no puede descartar Blogger.com o Wordpress.org/com para conseguir un bajo coste y buen funcionamiento.

Visite los sitios mencionados y si usted escoge la opción hospedada, simplemente inscriba una cuenta y usted estará listo para comenzar a bloguear inmediatamente. Con la opción independiente, visite Wordpress.org y descargue el software en su servidor. Hay un gran apoyo comunitario en Wordpress.org así, si se queda atascado en cualquier punto durante el proceso de instalación, sólo regístrese en el foro y la solución a su problema probablemente se encuentre allí.

El Nombre del blog

Si usted ya tiene un sitio web, entiende la importancia de elegir un buen nombre de dominio. Un buen nombre de dominio no sólo mejora la imagen de marca de su negocio sino que hace que sea fácil para sus lectores compartir con otros.

Si su blog va a jugar un papel significativo en su negocio, a continuación, invierta un poco de tiempo en elegir el nombre de dominio adecuado para el. La gente tiende a recordar los nombres de dominio memorables que terminan con un punto com para difundirlo más fácilmente. Usted puede considerar el uso de una herramienta gratuita como DomainsBot.com para ayudarle en el registro de un buen nombre. A continuación, elija una plataforma de blog independiente como Wordpress.org que tienen una mejor proporción de atraer tráfico a su blog de forma regular.

El Diseño del Blog

Con Blogger.com y Wordpress.com la molestia de contratar a un diseñador Web se elimina. Estas opciones hospedadas ya tienen plantillas de blog (a menudo llamados "temas") listos para su uso. Sólo tiene que elegir un diseño que funcione bien con el tema de su negocio y esta listo para iniciar los blogs. La desventaja de esto es que no es mucho lo que puede hacer para alterar su apariencia. Lo que ve es lo que obtiene.

Con Wordpress.org sin embargo, usted es libre de contratar a un diseñador web para diseñar el estilo de su blog desde cero. No hay limitaciones a lo que puede hacer con su diseño. Hay plantillas en Wordpress.org que también son dadas gratuitamente por la comunidad de Comunidad Wordpress sin ningún compromiso. Usted tiene pleno derecho para coger cualquiera de estas plantillas y modificarlas según el tema de su blog de negocios.

Usted puede buscar en Google "temas o plantillas de Wordpress" y obtendrá una gran variedad de sitios para elegir. Uno de los más populares se encuentra en http://themes.wordpress.net.

¿CUÁL SERÁ EL CONTENIDO?

Después de todo el trabajo "agotador" de la creación de su blog de negocios, ahora se reduce a la razón más importante de tener un blog en primer lugar - mostrar su contenido al mundo.

Para algunos, esto es un proceso fácil. Para muchos otros, sin embargo, la publicación de contenido útil y único con regularidad puede ser severamente desalentadora. Distinguirse a sí mismo de otros bloggers de negocios toma un poco de comprensión de quiénes son sus lectores fundamentales. Invierta tiempo en investigar cual es su público objetivo y averiguar lo que les gustaría leer.

12

Aquí hay algunas consideraciones a tener en cuenta al publicar su contenido:

• Compartir posts educativos, de contenido periodístico, informativo, entretenido y discutible o una combinación de todos esos

• Defina cuanto tiempo deben durar los mensajes (aquí es donde conocerá la opinión de sus lectores)

• Invitar a otros bloggers a publicar en el suyo o intercambiar contenido (conseguir bloggers invitados que escriban contenido único para su blog)

El entusiasmo inicial de la publicación de un blog puede disiparse rápidamente cuando su "contenido" comienza a ser menos interesante. Así que, ¿dónde acudir en busca de ideas e inspiración para llegar a tener a los lectores haciendo cola para leer su obra? Bueno, vamos a empezar con cómo se puede categorizar su contenido de una manera que podría dispararse el número de lectores:

• Consultar las listas Top 10

• Información how-to

• Criticas

• Entrevistas de alguien dentro de su nicho de negocio

• Tendencias e información de interés periodístico

• Publique monografías empresariales relevantes

13

• Recomiende otros blogs de negocios que puedan ser de interés para sus lectores

Pero todo lo anterior puede ser inútil si no se puede llegar a una fuente de inspiración. Así que aquí están algunos de los mejores lugares para visitar cuando se necesita obtener ideas y hacer que la musa nos ilumine:

• Sitios de noticias - CNN, Yahoo News, Google News son sólo algunos de los muchos sitios web de noticias disponibles para despertar una idea interesante para una entrada de blog. Adéntrese en las historias de noticias y comunicados de prensa para ver lo que es importante para su blog. Emita su opinión al respecto y de esta forma logrará introducir contenido actualizado en su blog. Pero esto no se detiene aquí. Puede buscar los sitios de noticias que son específicas de su industria. Por ejemplo, si usted está realizando blogs acerca de las finanzas, visite periódicos o revistas de finanzas y obtenga ideas a partir de ahí. About.com es un sitio que abarca una gran gama de temas lo que lo convierte en una gran fuente de ideas de contenido.

• Grupos / redes sociales / foros - en los foros, grupos de Facebook y los grupos de Yahoo hay una gran cantidad de información. Sus lectores y clientes potenciales podrían estar al acecho dentro de estos grupos, intercambiando libremente el tipo de información por la que una empresa de análisis de mercado pagaría miles de dólares.

No ignore los foros que son relevantes para su industria. Al igual que los sitios de redes sociales y los grupos en línea, los foros

14

pueden atraer al tipo de público que podría estar interesado en la información que usted está ofreciendo.

• Servicios de bookmarking - al igual que los sitios de redes sociales, los servicios de marcadores sociales están de moda hoy en día. Estos servicios permiten a los usuarios valorar y recomendar temas que son populares entre ellos. Son un portal a las últimas tendencias y noticias que son consideradas por la opinión pública. Visite sitios como Technorati.com, Delicious, StumbleUpon.com, Reddit.com y Digg.com para conseguir ideas. Si bien hay un gran número de sitios de marcadores sociales que saltan a la web con bastante regularidad, esos son los más mencionados por los bloggers profesionales para la investigación.

• Sitios con mucho tráfico - otra fantástica fuente de ideas se pueden encontrar en sitios de alto tráfico, como Alexa.com, Amazon.com, Ebay.com, Craigslist.org y Wikipedia.org.

• Directorios de artículos - los directorios de artículos le ofrecen la opción de volcar la impresión de los artículos de su elección en su blog. Esto puede ser útil si usted está teniendo un mal día pero necesita algo para abrir el apetito de sus lectores. Incluso si usted no tiene intención de publicar cualquiera de estos artículos, puede usarlos como fuente de ideas para escribir su próximo post. Algunos de los directorios más populares son EzineArticles.com, GoArticles.com y ArticleCity.com. Estos artículos son libres de volver a publicar pero lea los términos en estos sitios sobre las condiciones para poder hacerlo.

• Otras fuentes - otro método de generación de ideas es tener en cuenta lo que la gente está buscando y decidir si se puede buscar acerca de ello para incluirlo en nuestro blog. Visite sitios populares como Google Zeitgeist y MetaCrawler.com para este propósito. Puede utilizar palabras clave como herramientas en WordTracker.com.

Intente buscar ideas utilizando los motores de búsqueda de blogs también. Pruebe con Technorati.com para ideas potenciales.

EL TRÁFICO WEB. EL ARTE DE CONSEGUIR VISITAS

Probablemente la parte más difícil para cualquier dueño de un negocio en línea sea conseguir tráfico a sus sitios. Esto es más ciencia que arte y ha generado una industria de todos los aspectos. El posicionamiento en buscadores o SEO como se refirió más cariñosamente, es un jugador importante en cómo usted consigue atraer tráfico a sus sitios o, en este caso, a sus blogs.

17

Hay otras estrategias de promoción y comercialización que se pueden emplear para conseguir tráfico pero todo comienza con la optimización de sus blogs para SEO. Si usted quiere que su blog se pueda encontrar, tiene que optimizarlo para los motores de búsqueda.

Cuánta optimización se puede realizar en su blog depende una vez más de si usted está utilizando una plataforma de blog alojado como Blogger.com o uno independiente como Wordpress.org.

Una plataforma independiente como Wordpress.org es la mejor manera de trabajar para fines de SEO.

No hay límites en cuanto a cómo se puede personalizar su blog en Wordpress.org. Pero debido a que la mayoría de los principiantes tienden a utilizar la opción hospedada, vamos a explorar tácticas de SEO de las que todos puedan beneficiarse.

Dividir la optimización del Search Engine de su blog en Offsite y SEO Onsite

Fuera del sitio SEO se puede resumir como sólo esta - enlaces entrantes. Esto significa blogs diferentes al suyo, se unen a su blog y una amplia variedad de su contenido. Los enlaces entrantes son muy posiblemente la táctica SEO más importante con la que podrían obtener sus blogs un alto rango en los motores de búsqueda.

Entonces, ¿cómo conseguir que los demás se vinculen a usted? Aquí están algunas maneras de empezar:

18

• Escriba contenido de calidad - Nada se vincula más rápido que escribir el contenido que afecta a sus lectores. Crear un poco de controversia ayuda. Como se corre la voz acerca de sus mensajes, los bloggers, inevitablemente, pondrán un enlace a su contenido.

• Incluya comentarios en los blogs que usted lee - No dude en enviar comentarios que valgan la pena en otros blogs, ya sean sus competidores o no, ya que los comentarios en blogs en sí mismos no tienen impacto en los resultados de SEO. Usted puede obtener un seguimiento con un enlace que apunta a su blog. Y si eso pasa en un competidor con una gran audiencia, podría obtener gran afluencia de tráfico a su blog.

• Envíe su blog a los directorios - Puede enviar sus blogs a los directorios del blog para generar más enlaces entrantes. Aparte de la compra de enlaces, esto es algo que muchos bloggers hacen para conseguir más tráfico. Technorati.com y DayPop.com se encuentran entre dos de los directorios de blogs más populares en este momento pero se puede realizar una búsqueda Web para encontrar más. El SEO in situ requiere personalización dentro de su propio blog. He aquí cómo empezar:

• Optimice su contenido con palabras clave específicas - Este tema realmente requiere un estudio intenso, ya que es uno de los temas más importantes cuando se habla de SEO. Pero en pocas palabras, su blog debe contener las palabras clave o frases de palabras clave que sus potenciales clientes o lectores tipo más probable usen en los motores de búsqueda para encontrar lo que están investigando.

Esto requiere de investigación avanzada de palabras clave de su parte para que pueda colocar estas palabras clave específicas dentro de su contenido en el blog. El resultado sería un blog altamente optimizado para la misma información que sus clientes potenciales están buscando.

Tenga cada uno de sus mensajes centrados en un tema específico para que pueda moderar las palabras clave que van en su sitio. El exceso de relleno de palabras clave puede hacer terrible la lectura lo que contradice el objetivo de encontrar y mantener a sus clientes.

Haga sus mensajes lo más originalmente posible y actualice su blog con frecuencia, por lo menos tres veces a la semana.

• Ubique sus palabras clave aquí también - Dentro de la URL de los títulos de las páginas, las páginas y post, etiquetas de título, como H1, etiquetas alt de la imagen y las etiquetas meta. Use negrita en las palabras clave donde usted pueda hacerlo.

• Cree una buena estructura de enlaces dentro de su blog - Crear enlaces que enlazan desde un determinado post en su blog a otro post relevante que usted había escrito anteriormente. Esta interrelación hace que sea muy fácil para los motores de búsqueda volver a indexar su blog, lo que permite que más de sus páginas puedan ser indexadas. Clasifique su información y colóquela en la barra lateral de su blog. Cree un mapa del sitio una vez que su blog empiece a crecer en tamaño.

Pero una cosa que hay que recordar es no sobre-optimizar un blog. Escriba de forma natural y no exagere con las palabras clave.

20

Utilice texto descriptivo y emplee sinónimos en lugar de repetir las mismas frases de palabras clave una y otra vez.

RSS

Ponga en marcha las tácticas de SEO anteriores para su blog y usted irá bien en su camino hacia un ranking saludable en un motor de búsqueda. Otro beneficio muy importante para la publicación de un blog, es algo que se llama "Real Simple Syndication" o RSS para abreviar. RSS es un canal de distribución de contenidos, la distribución de su contenido a su audiencia dondequiera que se encuentren. Los blogs utilizan RSS para entregar automáticamente su contenido a sus lectores sin que tengan que visitar el sitio todos los días para comprobar si el blog se ha actualizado recientemente.

Para lograr esto, el público tiene que suscribirse al feed de su blog. El uso de un RSS Feed Reader, hace que ahora puedan leer los últimos mensajes desde el propio lector. Funciona como un formulario de suscripción simple. Usted coloca sus iconos de alimentación en un lugar prominente en su blog donde los lectores simplemente hagan clic en él y consiguen suscribirse. Usted debe haber visto estos iconos en varias páginas.

Los lectores de feeds RSS están disponibles como descargas de escritorio o como aplicaciones basadas en Web. Muchos son de libre disposición como Feedly.com y Newsblur.com.

El uso de RSS es una manera mucho mejor para extender su contenido que el e-mail porque el RSS va más allá. Y si se estaba preguntando cómo podría ser posible gestionar los suscriptores de su blog, use Feedburner.com para responder a su pregunta. Probablemente el mejor en el negocio, Feedburner.com proporciona las estadísticas más detalladas acerca de sus suscriptores del blog, que le da la ventaja de mejorar el rendimiento de su blog como mejor le parezca.

Promocionar el Blog

Si ha leído hasta aquí, ya cuenta con el conocimiento suficiente para publicar blogs de negocios bien optimizados. Pero no puede haber nunca suficientes lectores para su blog. Aquí es donde algunas de las estrategias de promoción pueden entrar en juego. Vamos a ver algunas de ellas:

• Publicación - Una de las maneras más efectivas para aumentar el tráfico de su blog es mediante la publicación de contenidos

22

originales para otros blogs relacionados con el tema de nicho. Busque blogs populares y compruebe que tienen pautas de fijación de los huéspedes y presente su contenido. Además, empiece a construir relaciones con otros bloggers de su nicho, por que son más propensos publicar su contenido. Con el puesto de invitado, se llega a la promoción de su sitio web en una línea de autor, por lo que las personas que aman su contenido estarán interesadas en visitar su sitio para leer más.

• Use vínculos de referencia - Hemos mencionado la necesidad de participar en otros blogs con anterioridad, pero el trackback o vínculos de referencia es otra característica útil que se encuentra en la mayoría de las plataformas de blogs. Si usted estuviera escribiendo en el blog de otra persona, debe realizar un trackback. Esto deposita su contenido en el blog de esa persona en particular sobre la que acaba de escribir. Suena complicado, pero es una gran manera de conseguir audiencia de otra persona que presta atención a lo que tiene que decir.

• Enviar post a los directorios de artículos- Conoce lo de enviar sus blogs a los directorios del blog pero ¿por qué no enviar su contenido como artículos a los directorios del artículo? Va a estar llegando a una cantidad importante de lectores específicos de esta manera. Un editor de sitios web podría utilizar fácilmente sus artículos como contenido para su audiencia y esto podría representar mucha más atención sobre su blog. El directorio de artículos más popular es ezinearticles.com.

• Métodos promociónales – Incluya la URL de su blog impreso en sus folletos de presentación, volantes, tarjetas de visita, membretes, sobres, anuncios o cualquier otro lugar en donde haga

23

publicidad offline. Se trata de una gran fuente potencial de nuevos lectores específicos. Usted puede considerar la publicidad en línea también.

• Añada la dirección de su blog en su firma de email - Una estrategia a menudo pasada por alto pero muy eficaz. Nunca se sabe, el destinatario puede ser un cliente potencial.

• Promocione su blog online - Participe en sitios de redes sociales, grupos y foros en línea para hacerles saber acerca de su blog de negocios. Debido a que comparten el mismo interés, están obligados a realizar una visita a su blog.

Haga uso de los servicios de marcadores sociales para difundir información acerca de su blog. Usted puede hacer esto mediante la colocación de iconos que ofrecen estos servicios de marcadores en su blog. Cada vez que sus lectores encuentren algo que quieran que sea compartido podrían hacer clic en este icono. Funciona como el guión "Tell-A-Friend" utilizado por muchos sitios web durante el Paleolítico (bueno, hace unos dos años), pero con estos servicios de marcadores, el alcance es mucho mayor.

ADMINISTRAR EL BLOG

Absolutamente. Una vez que tenga un buen flujo de tráfico que entra, la monitorización de los blogs es un juego de niños. El hecho de poder hacerlo esta permitiendo la inclusión de publicidad en ellos. La compañía que ofrece el programa de publicidad contextual online más grande del mundo es Google. Este programa es conocido como Adsense.

Al firmar con Adsense, usted está permitiendo a Google colocar anuncios orientados en su blog que son relevantes para el tema de su blog. Si un lector ve un anuncio y hace clic en él por interés, gana un poco de dinero. Cuantos más lectores hagan clic en los anuncios, más dinero que usted ingresa. Hay gente que gana una renta a tiempo dedicándose nada más que a la creación de sitios de Adsense. Esto puede no ser necesariamente la mejor manera de monitorizar su blog, pero es una de las más fáciles.

Hay muchos más tipos de programas de publicidad como la publicidad CPC, impresión-anuncios basados en intereses, anuncios de texto, etc. Tómese su tiempo para estudiar que modelo de publicidad funciona mejor para su blog.

La otra manera de monitorizar su blog es poner enlaces de afiliados a través de su contenido. Amazon.com es un ejemplo de una empresa que ofrece un programa de afiliados. CommissionJunction.com es otra.

Si usted encuentra un producto relacionado con usted y su audiencia, usted puede registrarse como afiliado para venderlo. Si lo hace, implica ya sea la colocación de banners o textlinks que se puede incluir en su sitio. Cuando un lector hace clic en ese enlace o banner y compra el producto, usted gana una comisión.

Aquí están algunas otras ideas que usted podría aplicar en su blog:

• Patrocinio Seeking

• Donaciones

• Venta de mercancía

• Blogs de venta

• Contenido de venta a través de un modelo basado en suscripción. Sus suscriptores pagan para leer sus mensajes de alto valor. Para que esto funcione, es necesario ofrecer algo único a sus lectores que no pueden conseguir en ningún otro.

• Escribir para una red de blogs de pago. Sitios como Squidoo.com y HubPages.com, proporcionan una participación en los ingresos de la publicidad. Otros sitios pueden pagar por cada mensaje.

• Vuelque el contenido del blog en un libro. Usted puede auto-publicar un libro impreso o venderlo en formato de libro electrónico.

• Venda productos descargables originales como libros electrónicos y productos de información.

En última instancia, la clave para que su blog sea un éxito abrumador es mantenerlo real y divertirse con él. Que sea un punto para interactuar con cada uno de sus suscriptores.

La verdad acerca de la publicación de un blog es que no le pertenece a usted. Pertenece a la comunidad. Use esto como su ventaja para aprovechar las mentes de sus lectores. Si usted está planeando un nuevo producto, pregúnteles por algunas de las características que les gustaría ver en el.

El blog es un mecanismo de retroalimentación perfecta para obtener las respuestas que necesita para hacer de su negocio un éxito continuo.

USAR UN SISTEMA GESTOR DE CONTENIDOS (CMS). WORDPRESS

WordPress es conocido por su facilidad de uso e instalación. Es un programa de software web que permite a los usuarios crear sitios web y blogs. Es libre de utilizarlo, siempre y cuando usted tenga un servicio de alojamiento.

El software principal funciona bien desde la instalación. Pero para que sea lo que necesita, hay miles de plugins y temas para transformar su sitio.

Los primeros pasos en WordPress son bastante simples. De hecho, siguen la famosa frase de "5 minutos para instalar y empezar a trabajar."

Veremos como conseguir crear, organizar sus widgets y ajustar la configuración de WordPress.

28

Configurar WordPress

No entre en pánico. La instalación de WordPress es un proceso bastante fácil y una vez que lo haya hecho una vez o dos veces, será aún más fácil.

Hay un par de formas diferentes de instalar WordPress: descargar el archivo zip o utilizar el alojamiento cPanel. Nos centraremos en la instalación de cPanel.

Usar el cPanel

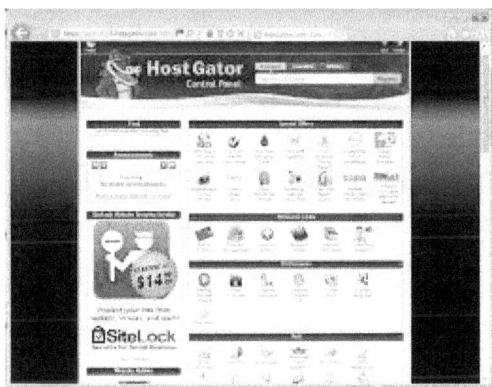

La primera cosa que hay que hacer es conseguir una cuenta de alojamiento web y un registro de un dominio para su blog. Trate de obtener una empresa de alojamiento web que utiliza cPanel para facilitar la instalación.

29

1. Configure sus servidores de nombres de dominio para que apunten a su cuenta de alojamiento web. Esto se hace en la cuenta donde se registró el dominio. Debería haber recibido un correo electrónico con los servidores de nombres correctos para su cuenta de hosting. Haga clic en el nombre de dominio que desea utilizar y haga clic en los servidores de nombres de edición.

2. Inicie sesión en su cPanel en su cuenta de hosting con su nombre de usuario y contraseña. Vaya a la sección donde dice Dominios y haga clic en el AddOn Domains. Rellene el formulario con su nombre de dominio. Escriba su contraseña para recordarla más adelante y haga clic en " Add Domain".

3. Realizar la instalación de WordPress:

     a. Ir a la página principal de su panel de control en su cuenta de hosting. Busque el botón Fantiasico De Luxe.

     b. Elija WordPress de la lista.

     c. Seleccione Nueva instalación.

     d. Elija el dominio que se registró desde el cuadro desplegable. Deje el cuadro directorio de instalación en vacío. e. Introduzca su nombre de usuario y contraseña. Esto es lo que va a utilizar para acceder y gestionar el contenido en su blog.

Consejo: utilice un nombre de usuario que no sea administrador y haga su contraseña única para prevenir la entrada de hackers en su cuenta.

Rellene el resto de la información. Haga clic en Instalar WordPress. En la siguiente pantalla, haga clic en el botón de instalación en Finalizar para completar la instalación de WordPress. No se olvide de marcar la dirección URL de su nuevo WordPress. Esta es la página de administración de su blog. Probar el enlace para asegurarse de que funciona. Eso es todo para la instalación de cPanel. Ahora está listo para personalizarlo.

La opción de descarga es un poco más "técnica". Si usted no se siente cómodo con ella, por favor, que alguien lo haga por usted. Se trata de la descarga de un archivo zip, crear una base de datos y subir los archivos descomprimidos. Las instrucciones completas se pueden encontrar en el sitio web de WordPress.org.

SELECCIONAR UN TEMA PARA EL DISEÑO

Su tema o plantilla es el diseño que muestra las entradas del blog, el contenido de la barra lateral, imágenes y todo lo que pone en su blog. Hay algunas cosas a considerar antes de precipitarse en la selección de un tema. Con tantas opciones por ahí, es fácil sentirse abrumado y fascinado por los diferentes temas. Su blog se conoce por cómo se ve, por lo que elegir el tema que mejor case con usted y su mercado representa un trabajo muy provechoso.

Escoja algo que le guste, ya que lo puede tener por mucho tiempo. Cambiar el tema a veces puede causar problemas técnicos.

El Directorio de temas de WordPress es un buen lugar para comenzar a buscar temas libres.

Puede buscar por color y otras características. Hay muchos sitios que diseñan temas gratuitos también. Al directorio de temas de WordPress se puede acceder a través de su panel de control de su blog en Apariencia> temas.

Haga clic en Agregar nuevo. Aquí usted puede buscar los temas de los diferentes filtros.

Si usted encuentra uno que desea utilizar, haga clic en el botón de instalación para instalarlo.

Haga clic en "activar" para activarlo.

Para un mayor control de su tema o si quiere destacarse con un modelo original, la compra de un tema de diseño premium es otra opción. Thesis Themes y StudioPress son dos de los más populares.

Si usted ha elegido un tema de otro sitio o tenía uno diseñado, es necesario instalarlo.

Hay varias maneras diferentes de hacer esto. Lo más fácil es a través de su panel de administración de WordPress. He aquí cómo:

1. Descargue su tema elegido. Vendrá en un archivo zip. No extraer los archivos, déjelo como se presenta.

2. Regrese a su panel de WordPress. Pase por encima de "Apariencia" y luego haga clic en "Temas". Esto le llevará a la pantalla de instalación donde se cargará su tema descargado.

3. Haga clic en el enlace de subida.

4. En Examinar seleccione el tema. Haga clic en "Instalar ahora"

5. Haga clic en "Activar".

Una vez que haya activado el tema, podrá ver su blog en línea visitando su URL.

PUNTOS A LA HORA DE SELECCIONAR UN TEMA

1. Tenga en cuenta su público objeto / nicho de su blog y para lo que va a utilizarlo.

2. Ir para la función sobre la forma.

3. Considere las opciones de temas y características.

4. Decida sobre el tipo de diseño que desee.

5. No escoja el más popular, ya que muchos otros blogs van a utilizar el mismo.

COMPLEMENTOS EN WORDPRESS

WordPress widgets son aquello que le permite añadir fácilmente el contenido y las características de las barras laterales del sitio. Características como categorías de correos, navegación, búsqueda, nubes de etiquetas y funciones de medios sociales.

Los widgets se pueden añadir, eliminar y reorganizar vaya a su página de administración en WordPress > Apariencia> Widgets.

Organizar Los Widgets

Ir a Apariencia> Widgets.

Elija un widget o bien arrástrelo a la barra lateral en la que desea que aparezca. Su tema puede tener más de una opción en la barra lateral, por lo que empiece con la primera. Una vez que el widget está en su lugar, WordPress actualiza automáticamente el Tema.

Obtenga una vista previa de su sitio.

Vuelva al panel de widgets y siga añadiendo widgets. Para organizar los widgets en la barra lateral o el área de widgets, haga clic y arrastre en el lugar que desea que aparezca. Para eliminar un widget, haga clic y arrastre a la columna de widgets inactivos.

Para personalizar las características de widget, haga clic en la flecha hacia abajo en la esquina superior derecha para expandir la interfaz del Widget.

Para guardar la personalización del widget, haga clic en Guardar.

34

Para eliminar el widget, haga clic en Eliminar.

CONFIGURACIÓN BÁSICA DE WORDPRESS

Los ajustes controlan algunos de los ajustes más básicos para su sitio web que incluye el título de su sitio y la URL y cómo la gente lee su blog. Éstos se pueden cambiar dentro del panel de administración.

1. En la ficha General, déle a su blog un buen título y descripción, así como la adición de la "www" en su URL. Haga clic en Guardar cambios.

Consejo: Usted recibirá conectado fuera de su sitio. Esto se debe a que ha realizado cambios en la dirección de su blog. No entre en pánico. Sólo tiene que entrar de nuevo.

2. En los ajustes de la lectura, decida si quiere mostrar sus mensajes o una página estática en la primera página. Haga clic en Guardar cambios.

3. Permalinks necesitan ser cambiados para que sean atractivos. Los permalinks afectan a toda la URL que ha creado en su sitio. Para cambiarlos, seleccione "CustomStructure" y pegue: /% post_id% /%% postname /.

Haga clic en Guardar cambios.

Eso es todo. La mayoría de los otros ajustes por defecto se pueden dejar como están.

35

CONCLUSIONES SOBRE WORDPRESS

La instalación y configuración de su blog con WordPress supone unos pocos pasos sencillos. La elección de un tema y la instalación es un proceso simple con la mayoría de servicios de alojamiento web.

La personalización y organización de los widgets y la configuración hará que su blog se diferencie de los demás.

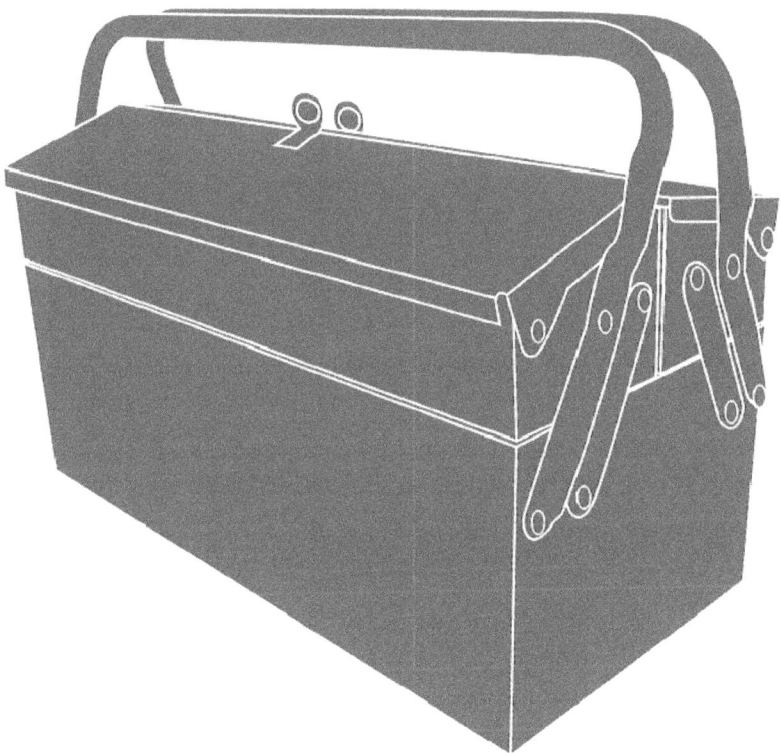

TAREAS DE MANTENIMIENTO

Mantener un blog es un poco como pilotar un coche. De vez en cuando, es necesario invertir un poco de tiempo y energía en su mantenimiento. Si no lo hace, ¿seguirá corriendo? Claro, que va a funcionar muy bien... por un tiempo. Pero si deja pasar demasiado

37

tiempo sin cambiar el aceite o demasiado tiempo sin reemplazar los frenos, el sistema puede colapsarse con el paso de los días. Lo mismo ocurre con la ejecución de un blog.

Al igual que un coche, un blog es un sistema complejo. Su mantenimiento abarca una amplia gama de temas, desde la interacción con los lectores a las interacciones con otros sitios web o los problemas de seguridad web.

Estos son algunos de los aspectos más importantes que usted necesita revisar para mantener un blog funcionando sin problemas.

ACTUALIZACIÓN DEL BLOG

Actualizar su instalación de WordPress es sin duda la tarea más importante en esta lista. Si está ejecutando una versión antigua de WordPress, hay muchas probabilidades de que se esté ejecutando una versión de WordPress que contenga conocidas vulnerabilidades de seguridad.

Si es así, no es difícil en absoluto para los hackers encontrar su sitio a través de Google y fácilmente poner en peligro su blog. Actualizar su instalación de WordPress, literalmente, toma segundos. Asegúrese de actualizarlo cada vez que vea que WordPress le pide que haga una actualización.

Actualización de los Plugins

La segunda cosa más importante en su lista de comprobación es la actualización de sus temas. Aunque la instalación del núcleo de WordPress puede suponer un riesgo para la seguridad, la realidad es que la gran mayoría de los hacks de WordPress contienen plugins comprometidos.

La mayoría de las personas no se dan cuenta de que un solo lector comprometido no sólo puede suponer que toda su instalación de WordPress sea atacado, sino que la totalidad de su servidor puede ser atacado también.

La actualización de los plugins es fácil. Sólo tiene que ir al panel de plugins y hacer clic en "Actualización disponible".

Luego haga clic en "Actualizar automáticamente" en el plugin que desea actualizar.

Actualice sus plugins a su versión más reciente siempre que sea posible.

Realización de Copias de Seguridad

Realizar una copia de seguridad de su instalación de WordPress con regularidad, por ejemplo cada 2 semanas más o menos, ayuda a prevenir los desastres evitables. Si su empresa de alojamiento de repente se bloquea y pierde sus datos, puede simplemente volver a cargarlo todo desde cero.

La copia de seguridad de sus datos es fácil gracias a la gran cantidad de diferentes plugins de copia de seguridad entre los que usted puede elegir. Elija un sistema de copia de seguridad que le permita automatizar las copias de seguridad.

MODERAR LOS COMENTARIOS

La moderación de comentarios no sólo es una parte importante para mantener su blog, sino que es además muy sensible al tiempo.

Si desea mantener una fuerte relación entre usted y sus bloggers, es necesario moderar comentarios de su blog de forma rápida. Las personas nunca deben sentir que están siendo ignoradas, especialmente después de haber invertido un montón de tiempo para escribir un comentario reflexivo.

Trate de moderar sus comentarios por lo menos cada 24 horas, si no cada 3, 8 ó 12 horas. Nunca, nunca deje que comentarios reales se sientan no moderados más de 48 horas o si no va a perder ese lector, o bien va a dejar de comentar y convertirse en un participante pasivo.

COMPROBACIÓN DE LOS LINK ROTOS

La comprobación de vínculos rotos es algo que debe hacer cada tres meses.

Cuando usted está llevando un blog de forma activa, lo más probable es que vaya a enviar un buen número de enlaces hacia el ciberespacio. La mayoría de esos vínculos seguirá funcionando incluso meses y años a partir de la fecha de publicación. Pero algunos de ellos no lo harán.

Si una página enlaza a una página de error va a dar una mala imagen. Los usuarios que hagan clic en un vínculo roto en su sitio al instante lo pueden ver como menos creíble. Puede ser que también se sientan frustrados porque era un recurso al que querían acceder y al que no pudieron llegar.

Para evitar problemas de enlaces rotos, escanee su sitio de enlaces rotos cada pocos meses. Siempre que sea posible, reemplace sus viejos vínculos con nuevos recursos. Si no hay recursos comparables, entonces simplemente retírelos.

INSERTAR ANUNCIOS CON GOOGLE ADSENSE

De vez en cuando, comprobar lo que los anuncios están mostrando en su sitio. Revise sus anuncios de mensajes individuales. A veces AdSense lee mal su sitio y envía anuncios no relevantes.

41

También, a veces usted puede estar recibiendo anuncios de servicios de la competencia. De hecho, los competidores pueden en ocasiones dirigirse específicamente a su sitio para que sus anuncios aparezcan allí.

Una de las mejores maneras de comprobar sus anuncios de AdSense es el uso de:

http://ctrlq.org/sandbox/

Esto le permite ver sus anuncios. Si usted acaba de visitar su sitio, podrá ver un montón de anuncios que están dirigidos hacia usted específicamente debido a las cookies. Esto le permite ver sólo los anuncios que se están presentando orgánicamente en sus anuncios de AdSense.

REVISAR LOS FEEDS DE LOS RSS

Adquiera el hábito de revisar sus feeds RSS cada 3 meses aproximadamente.

Asegúrese de que sus feeds RSS están funcionando correctamente. Compruebe en varios clientes diferentes, incluyendo Google Reader y un cliente de escritorio. A veces estos pueden trabajar en un lector pero no en otro. Si algo no está trabajando con sus feeds RSS, usted querrá saberlo más pronto que tarde.

Asegúrese de que la gente puede encontrar su feed RSS escribiendo la URL de su sitio en su lector de RSS.

No haga que las personas recorran su sitio para encontrar un enlace RSS para suscribirse.

REVISAR LAS ESTADÍSTICAS

¿Está su tráfico yendo hacia arriba o hacia abajo? ¿Hay páginas específicas de su sitio que la gente parece estar rebotando? ¿Qué tipos de temas tienen más éxito entre sus lectores? ¿Qué tipos de titulares parecen captar su atención y conseguir una estancia más larga?

Sus estadísticas pueden ayudar a responder a todas estas preguntas y más. Sus estadísticas le ayudarán a averiguar lo que le gusta a su público y lo que no le gusta, por lo que les puede dar más de lo que quieren. También le ayudará a resolver incidencias rápidamente y a orientarse mejor hacia los intereses de sus lectores.

CONTINUAR EL MENSAJE

Por último, vuelva a examinar todos sus mensajes de los últimos meses. Pregúntese a usted mismo: ¿Está todavía el mensaje? ¿Sigue cubriendo las cosas que debería cubrir? ¿Ha desviado su curso?

43

Es fácil escribir un mensaje que parece un poco fuera de tema, sobre todo si se siente inspirado por el tema o si hay eventos actuales que desee comentar. Pero un post un "poco fuera de tema" puede dar lugar a otro y antes de que usted lo sepa, estará completamente fuera de su tema principal.

No es un gran problema. Todo lo que necesita hacer es darse cuenta de cuando está desviándose del objetivo de contenido de su blog repasando los mensajes y luego volver a centrar el mensaje en sus próximos posts.

Estos consejos le ayudarán a mantener su blog en la mejor forma posible. Siga estos consejos para ayudar a su blog a mantenerse seguro, ayudar a que todo funcione bien, para mantener una buena relación con sus lectores y para mantener el contenido de su blog dentro de sus objetivos.

ACERCA DEL AUTOR

Este libro ha sido escrito por Ángel Carvajal Rueda. Espero que este libro les haya sido de ayuda para poder realizar su propio blog y dar más visibilidad y notoriedad a su negocio o empresa.

Muchas Gracias

www.ingramcontent.com/pod-product-compliance
Lightning Source LLC
Chambersburg PA
CBHW071013180526
45168CB00003B/1398